JN409971

산골 풍경

14

이명우 열다섯 번째 시집

산골풍경 14

초판인쇄 2021년 12월 20일
초판발행 2022년 1월 10일

지은이_ 이명우
발행인_ 이현자
발행처_ 도서출판 현자

등 록_ 제 2-1884호 (1994.12.26)
주 소_ (우)04550 서울시 중구 수표로 50-1(을지로3가, 4층)
전 화_ (02) 2278-4239
팩 스_ (02) 2278-4286
E-mail_001hyunja@hanmail.net

값 11,000원

2022 ⓒ 이명우 Printed in KOREA

무단으로 내용의 일부를 인용하거나 복사, 발췌를 금합니다.

ISBN 978-89-94820-71-2 03810

산골 풍경 14

이명우 열다섯 번째 시집

도서출판 현자

자서自序

바구니를 들고
시를 주우러 나선다
사방 천지에 널려 있는 시
방 안에서도 줍고
마당에서도 줍고
산에서도 줍고
허공에서도 줍는다
시를 줍다 보면
꿈이 있어 꿈도 줍고
꿈을 줍다 보면 별이 있어 별도 줍고
별을 줍다 보면
신神이 있어 신도 줍는다
무궁무진한
이 풍경이
나의 소풍길

차례

차례

산골 풍경

산골풍경 1001

이 하늘
우주소풍 여행사가
이 산골 원두막에 있습니다

우주소풍 하실려면
이 산골로 오셔요

햇빛 날개
달빛 날개
별빛 날개
바람 날개
꿈 날개
저승날개들이 있습니다
신청만 하면
가고 싶은 세계의
날개를 빌려 줍니다

산골풍경 1002

내 생애를 수놓은
무늬를 더듬어 본다

열아홉 파란 꿈은
아지랑이로 흘러가고
서른아홉 정열은
밤안개로 피어 있고
쉰아홉 그림자는
신기루로 떠 있고
일흔아홉 한 생애는
하루살이 춤
아흔아홉 그날에는
먼 먼 허공에
이슬 한 방울로
떠 있을 테지

산골풍경 1003

초승달의 눈웃음이
사랑인 줄
그때는 몰랐습니다

새겨준 사연들이
그리움인 줄
그때는 몰랐습니다

이제야 그것들이
내 인생의
낙엽임을 알았습니다

산골풍경 1004

아무 바람 없이
보상도 없이
나를 키우고 먹이고 가꾸어 주는
천사들이 이제야 보입니다

태양 천사여
구름 천사여
바람 천사여
계절 천사여

문을 열고 나섭니다
신발 천사가 나를 태우고
길을 갑니다

좋은 기분 안겨주는 꽃향기 천사
노래를 불러주는 도랑물 천사
나는 이제야
고마움을 배웁니다

산골풍경 1005

고요한 내 마음의 바다에
나폴 나폴 날아오는 언어 하나
살짝 내려오기에
가슴에 품었더니
파문을 일으킵니다
파문으로 끝나는 줄 알았더니
파도를 일으킵니다
파도로 끝나는 줄 알았더니
해일을 일으킵니다
그 해일에
엎어지고 구겨지고 멍드는
만신창이가 되고 말았습니다
실없이 받아들인 언어 하나가
이렇게 나를 만신창이로 만들 줄이야

산골풍경 1006

이 산 너머
큰 바위 아래엔
달과 태양 부부가 살고 있는
숙소가 있습니다

오늘은 그 숙소엘 가 봅니다
이 밤도 태양 혼자 있네요
달 아내는
별 아이들을 키우러
밤마다 일을 나간다네요
그러면서
그믐 밤에만 만난다며
혼자 잠자리에 드는 태양

산골풍경 1007

산 할아버지도
순정에는 여린가

곱게 붉은 홍시를 따와
곱게 접은 봉지에 담아
하늘 가는 꽃 구름을 불러
고운 임께 전해 달라고
신신당부해 놓고
꽃 구름 사라진 하늘을
어제 종일도 바라보시더니
오늘 종일도 바라보고 계신다

산골풍경 1008

초승달의 눈웃음엔
파란꿈이 숨어 있고

반반 달이 입술엔
활화산이 숨어 있고

보름달의 젖가슴엔
우주가 숨어 있다

산골풍경 1009

아침에 한 번
저녁에 한 번
오늘도 하루 두 번
저승에서 전화가 왔다

오늘도 조심하거래이
어머니의 아침 전화
오늘도 잘 지냈니
아버지의 저녁 전화

지팡이로 다니는 산수 나이인데도
천방지축으로 뛰어놀다가
어머니의 젖을 만지며 잠드는
영원한 코흘리개로 보인
아들 걱정에
저승 가서도 전화를 하는
부모님은 이런 거군요

자식들은
부모님 산소 벌초도
돈으로 남의 아들이 하게 하고
어제 저녁 제사 때엔
이젠 제사도 없애자는 말도 나왔고
은혜는 무슨 은혜
산소도 파내어 화장하자는 말도 나왔다

자식은 이런 거군요
까마귀 집을 쳐다봅니다
노쇠한 까마귀는 앉아 있고
튼실한 까마귀가 벌레를 잡아옵니다
자신을 먹여 키운 만큼
벌레를 잡아드리고서야 떠나는 까마귀
쳐다보려 해도 인간들은 내려다 보이고
내려다보려 해도 까마귀는 쳐다보인다

산골풍경 1010

허공으로 날아간 첫사랑이
하늘에서 맴돌다가
첫눈으로 내리면
닿을 수 없는 허공에서
꺾을 수 없는 꽃 한 송이
첫눈 오는 날에만
나의 하늘에서 핀다

산골풍경 1011

밥맛이 왜 이래
이런 말 하며 먹는 밥은
피도 안되고
살도 안되지만

밥맛이 꿀맛이네
이런 말을 하며 먹는 밥은
피도 되고
살도 된다

마누라가 왜 이래
이렇게 말 하는 날은
하루종일
춥고 뒤틀리지만

마누라가 공주 같으네
이렇게 말하는 날은
하루종일
춤추는 나비가 된다

산골풍경 1012

돌을 쪼개 보았습니다
아
이 경이로운 아름다움이여
파도쳐 넘실대는
저 무늬의 물결 좀 보아
무늬들이
소풍을 가고 있잖아
돌 속에 숨어 있는
아름다운 풍경이여

산골풍경 1013

신선의 요리 강의입니다
밤안개는
솔향기와 버무려
죽을 쑤어 먹으면 좋고
저녁 노을은 뜯어서
쌈 싸 먹으면 좋고
별은 이슬로 수놓은
밥을 해 먹으면 좋고
싸락눈은 소금에 절여
장아찌 반찬이 좋고
천둥소리는 가마솥에 고아
갱엿을 만들면 좋다고 하네요

산골풍경 1014

가난뱅이 시인 있는가
낯익은 목소리에
네, 있습니다
문을 열었더니
보따리를 든 산신령이 오신다
이 겨울 잘 보내라며
뭉게구름 이불 하나
꽃구름 김치 한 동이
별쌀 한 포대를 주고 가신다
이 몸이 이뻐서 주고 가신 게 아니라
신령님의 마음이 고와서 주고 간 선물
이런 고마움
이 산골 풍경입니다

산골풍경 1015

별빛 날개로 날아가고 있습니다
구름을 지나고
달을 지나고
태양을 지나가고 있습니다
아, 저기요
팻말이 보입니다
어서오세요
여기서부터 북극성입니다
북극성 중앙시장입니다
아-
이런
꿈을 팔고 있는 가게
그리움을 팔고 있는 가게
목숨을… 세월을… 영혼을… 귀신을…
이런 상품들을 팔고 있는 북극성 중앙시장
놀라고
또 놀랐습니다

산골풍경 1016

저승은
달나라보다 멀리
별나라보다 멀리
있는 줄 알았습니다
대문을 나서다가
깜짝 놀랐습니다
대문 옆 샛문
이 문을 열면 저승이네요
내 몸의 일부분은 이미
샛문을 열고 들어가 있네요
잘려 나간 머리털 손톱 발톱
떠나간 청춘
지나간 사연
어허
이승에서 저승의 거리는
한 발자국이구먼

산골풍경 1017

욕심 먼저 버려라
그런 말을 하고 있는 나
나는 얼만큼 욕심을 가지고 있는가
나의 욕심은 풀어놓고
가고 싶은 만큼 가보라며
앞서 가는 욕심을 따라가 본다
천년을 지나 만년을 지나
신령님을 지나 하느님을 지나
아직도 달려가고 있는 나의 욕심
아
이런
나의 욕심은 브레이크가 없구나

산골풍경 1018

청년 시절엔
천하를 제패할 수 있는
천하무적 사나이인 줄 알았는데
지금은
산들바람에도 넘어진다
돌담을 오르내리는
개미를 바라보며
어쩌면 저리도 기운이 센가
천하제일
허약한 자신을 돌아보고 있다

산골풍경 1019

휘돌아 나가는 개울가에는
모래를 심어 키우는 농부가 있습니다

모래를 싹 틔워 구만 년을 키우면
돌이 되고
돌을 구만 년 키우면
바위가 되고
바위를 구만 년 키우면
바위산이 된다는
모래를 심어 키우는 농부가
오늘은 이 원두막에 놀러와
바위산 이야기를 들려주고 있습니다

산골풍경 1020

가슴 떨리는 시절을 지나
다리 떨리는 지금에야
날마다 첫사랑이 찾아오고 있습니다

그제는
분홍별과 첫 입맞춤
어제는
반반달과 첫 입맞춤
오늘은
하느님의 외동딸과 첫 입맞춤
내일은
선사시대 여승이 만나자 하고
모레는
달나라 초등학교 여선생님이
만나자고 하네요
다리가 떨리다가 다시
가슴이 떨립니다

산골풍경 1021

내 걸어온 발자국을
뒤돌아봅니다

자국마다 피어있는 나의 인생꽃
알록달록 빛깔로 피어있습니다

이 발자국에 피어있는 눈물꽃
저 발자국에 피어있는 웃음꽃
사랑꽃
인연꽃
구름꽃
안개꽃
내 걸어온 길이 이렇게 아름답습니다
새록새록 눈물 겹습니다

산골풍경 1022

내 작고
가느다란 인생이
한 방울 이슬로 맺혀
모든 인연
허공에 묻어 놓고
세월의 바람에
어디로 날려가는 줄도 모르고
날아가고 있습니다

산골풍경 1023

그때 그 사람
어제는
바람 타고 손 흔들며
이 산골을 지나가더니

오늘은
구름 타고 손 흔들며
이 산골을 지나가고 있네요

불러보는 이름만
되돌아와
나비가 됩니다

산골풍경 1024

모든 풍파 젊어지고
아등바등 살아온
여든의 내 생애는
하룻밤의 꿈

하룻밤도 다 가는가
닭 울음소리 들리네
이 하루를 살려고
울고불고했는가
여든의 내 생애는
하루살이 춤

산골풍경 1025

말로는 다 못해
편지로 해야지

편지 한 장 쓰는데
수수 십 년 걸렸나 봐
편지 한 장 손에 들고
그대 찾아 헤매이다가
못 찾고 돌아오며
하늘가에 묻어둔 편지
그 하늘이 어딘가요
내 가슴입니다

산골풍경 1026

어허
산은 가만 있고
자동차가 달려가는 줄 알았는데
이제 보니
자동차는 가만 있고
산이 달려가고 있네

어허
하늘은 가만 있고
구름이 날아가는 줄 알았는데
이제 보니
구름은 가만 있고
하늘이 날아가고 있네

어허
나는 가만 있고
세월이 달려가는 줄 알았는데
이제 보니
세월은 가만 있고
내가 달려가고 있네

산골풍경 1027

어젯밤 연못에
반반달이 내려와 목욕하며 놀더니만
오늘 아침 연못에 와 보니
스카프만 떠 있네
잊어먹고 간 반반달의 스카프
어떻게 건질까
생각 중인데
포르르 포르르
물오리들이 날아와
목에도 걸어 보고
발에도 감아 보고
서로 물고 뜯고
정신 없이 놀고 있네
저걸 우째
구경만 하고 있다

산골풍경 1028

북극성에서
남극성으로
오고가는 전화선이
이 산골 능선을 지나가고 있습니다
이 무슨 전화일까
전화선에 구멍울 뚫어
엿들어 보지만
우리말도 다 못 배운 내가 어찌
별나라 말을 알 수 있나요
고개만 갸웃하고 있는데
도청범 체포하라며
경찰이 달려오고 있어요
북극성 경찰
남극성 경찰들이요

산골풍경 1029

미인 대회 1등 얼굴
오늘 아침 달나라 신문입니다

눈꺼풀이
하나 둘 셋
세 쌍꺼풀 눈이고요
볼우물도 이중으로 패인
쌍볼 우물이네요

밥 먹으라는 아내의 성화
듣는 둥 마는 둥
달나라 미녀 사진만 보고 있는데
질투인가 열등감인가
아내가 버럭 화를 내며
신문지를 찢어버린다

산골풍경 1030

부는 바람은
가슴에 안고
춤을 추고요

내리는 비는
구슬을 만들어
잎잎이 매달고

내리는 눈은
머리에 이고
겨울 꽃을 만드는
나무들의 지혜여

산골풍경 1031

청강생으로
산새들의 교실에 들어왔습니다

부엉이 선생님이네요
지식을 주입하는 것이 아니라
가슴
가슴마다
마음을 심어주고 있네요
사람 학교와
산새 학교는 이렇게 다르네요

산골풍경 1032

공덕산 신령님과
천주산 신령님이
이 산골 원두막에서
3조6천1백만 칸의
바둑을 두고 있다
작년에 두던 바둑을
올해도 못 끝내고
내년에 끝낸다는
신령님의 바둑 묘수풀이
그 해설 갈래 갈래
한 갈래가 철학이고
한 갈래가 문학이고
　　　　　수학이고
　　　　　종교고
　　　　　지옥이고
　　　　　천국이라는
그 해설에 넋이 나간 나는
입만 떠억 벌리고 있다

산골풍경 1033

봄은
어디서 어떻게 오나요

구름 타고 올까요
오는 구름 가는 구름 장장이 넘겨 봅니다
봄은 없어요

바람 타고 올까요
부는 바람 샅샅이 뒤져봐도
봄은 없어요

햇빛 타고 올까요
내리는 햇살 올올이 흔들어봐도
봄은 없어요

저기를 보아요
나비가 봄을 물고 오네요

산골풍경 1034

구름 타고
학교 하나가 날아옵니다
날아온 학교가
마당에 내리더니
그날의 학생들이 쏟아져 나와
그날의 휴식시간처럼
지저깁니다
그 위로 흘러오는
여선생님의 풍금소리
오늘 우리집은
학교가 되고
우리집 마당은
운동장이 되었습니다

산골풍경 1035

차갑던 바람이
따뜻해졌어요

구름도
봄옷을 꺼내 입고
화장도 화려하네요

그 모습을 보려고
가지마다 잠자던 눈들이
톡톡 소리 내며 다투어 눈을 뜨고 있어요

산골풍경 1036

잡다한 인생살이
걸림돌에 지치거든
천만년 태평세월
이 산골로 오셔요
자연이 살고 있는 이 산골에는
헌법이 없고
세금이 없고
정치가 없고
종교가 없고
국경이 없고
싸움이 없습니다
이 산골로 오시면
반겨 맞아들입니다

산골풍경 1037

한 갈래
두 갈래
날아간 그리움
추어이 산골에
야생화로 피어 있고

하얀 꿈
파란 꿈
키워온 영혼
허공으로 날아가
거품으로 떠 있고

한 번
두 번
넘어진 내 인생
가랑잎으로 또르르 말려
겨울나뭇가지 끝에
매달려있습니다

산골풍경 1038

어머님
아버님
어디 계세요

여기 있다 손 흔드는
저 하늘

어머님
아버님이 내려다보고 계신
그 아래를
오늘도 어제처럼 걷고 있습니다

산골풍경 1039

어느 누가
그랬지요
살아온 여행 중에
가장 아름다운 풍경은
하루종일 같이 일한
소도 힘들까봐
수레 위에 짐도 나누어 지고 오는
한국 농부 풍경이라고요

내가 살아온 여행 중에서 본
가장 아름다운 풍경 하나는
아이들이 아홉이나 되는
저녁 굶는 뒷집에
당신의 저녁밥을 넘겨주고
당신은 굶으면서 웃으시던
어머님의 얼굴입니다

산골풍경 1040

이 산골로 보내오는
저 꽃구름은
누가 보내온 선물입니까

이 산골로 보내오는
따스운 봄바람은
누구의 체온입니까

이 산골 밤하늘에
별들의 지저귐은
누구의 목소리입니까

산골풍경 1041

서랍 속에 넣어둔
하얀 그리움을
봄비 내린 다음날에
심었습니다

쑥쑥 자란 나무에
튼실하게 익은 열매
따 먹어야지

나무를 흔듭니다
저런
떨어지던 열매가 날개를 펴고
새가 되어 날아가네요

그리움의 나무엔
과일이 아니라
새가 열렸네요

산골풍경 1042

산이라는 바구니를
들여다보니
수풀이란 보석이 가득가득

바다라는 바구니를
들여다보니
고기라는 보물이 가득가득

하늘이란 바구니를
들여다보니
별이라는 보물이 가득가득

자신이라는 바구니를
들여다보니
인연이란 보물이 가득가득

산골풍경 1043

꿈을 따라
찾아온 곳이
피땀 흘리며
찾아온 곳이
산 그림자 드리우는
간이역입니다
그려놓은 그림과는
반대로 왔습니다
해는 저물고
날은 어둡습니다
내가 만든
나의 운명입니다

산골풍경 1044

앵두가
꿈을 꾸고 있습니다
나도 언젠가는
사과만큼 큰 과일이 될 거라는

하루살이가
꿈을 꾸고 있습니다
나도 언젠가는
인간들 만큼 오래 살 거라는

모래가
꿈을 꾸고 있습니다
나도 언젠가는
저 바위만큼 크게 될 거라는

이렇듯
꿈은 설래이면서
아름답습니다

산골풍경 1045

모래를 심어 키우는 농부가
비빔밥을 같이 먹자면서
나를 부른다

먹구름을 오려 만든
함지박에
웃음 한 접시
노래 한 접시
사랑 한 접시
행복 한 접시를 비벼서
하얀 꿈을 얹은 비빔밥
아
이것을 무슨 맛이라고 해야 하나

산골풍경 1046

널름거리는
불 속에서도 녹지 않는
얼음옷을 입고
태양 속을 거닙니다

천만 리로 파도 치는
불길 속을 넘고 또 넘고
태양 한가운데를 왔습니다

아
아
이런 곳이 있네요
태양 한가운데
우뚝 솟은 하얀 만년설산
천지 신명은 우째
이런 기막힌 작품도 빚어냈나요
그냥
탄복하고 또 탄복하고 있네요

산골풍경 1047

고사목아
너는
너는
얼마나 사무치는 사연이 있길래
너는
너는
얼마나 애달픈 그리움이 있기에
죽어서도 눕지 못하고
허공을 쳐다보고 서서
바람을 안고 잉잉 우느냐

산골풍경 1048

소나무 위에
구름을 펴 놓고
구름 위에 돗자리를 깔고
천둥과 번개가
마주 앉아
바둑을 두고 있다
산그늘이 내리는데
오늘도 끝나지 않았는가
어제 두던 바둑을
오늘도 두고 있다

산골풍경 1049

앞이 캄캄
안 보이는 그믐밤입니다
밤 무지개가 떴어요
무지개에 그네를 매어 놓고
누군가가 타고 놀아요
아는 사람이네요
본체만체하는
미우면서 고운 그 사람

산골풍경 1050

은은하게 흘러오는
풍금 소리를
바구니 가득 담아와
소금에 절여서
밤안개로 속을 넣어
만든 김치에
수정으로 지은 밥을 먹고 있습니다
밥을 먹고 걷는 길
내 몸에서
흘러나오는 풍금 소리를
스치는 사람들이
쳐다봅니다

산골풍경 1051

어머니
그 이름 속에는
우주가 들어와 살고 있고

아버지
그 이름 속에는
신들이 들어와 살고 있습니다

산골풍경 1052

오늘은
이 산골 대통령 선거 날입니다
팔백 년 저 소나무가 당선되었네요
취임사를 듣습니다
인간들은 대통령이 되면
적폐청산 덫을 씌워
감옥을 보낸다지만
산골 나라에는
숲도 나무도 짐승도 곤충도 한 식구로
햇빛도 똑같이
달빛도 똑같이
공기도 똑같이
자유도 똑같이 나누어 삽니다
라는
저 팔백 년 소나무 대통령의
취임사가
내 심장을 톱질하고 있습니다

산골풍경 1053

돌이 자라서
바위가 되던 날
바위의 율법에 따라 산다는
선서식에 왔습니다

입을 굳게 다물겠습니다
이곳 저곳으로 이사 가지 않겠습니다
추워도 더워도 가만 참겠습니다
이런 선서

그래서 모든 바위들은
천천 만만 년
변함이 없구나
표정이 없구나

산골풍경 1054

꽃은
걱정을 모르고
웃으며 살고 있고

냇물은
장애물을 모르고
노래하며 살고 있고

나무는
운명을 모르고
춤을 추며 살고 있다

나도
세 살 적엔 저랬는데
지식에 오염되고부터
걱정 속에서 살고 있고
욕심을 배우고부터
노래 없이 살고 있고
운명을 만나고부터
춤을 잃고 살고 있다

산골풍경 1055

매미는
일요일만 있는 줄 알고 살고 있고
개미는
월요일만 있는 줄 알고 살고 있나 보다
시원한 그늘에서
노래만 부르고 있는 매미
뜨거운 땡볕에서
일만 하고 있는 개미
나도 오늘을 돌아보며
매미로 살았는가
개미로 살았는가
내일은 개미로 살아야지
다짐을 해보지만
글쎄
지나봐야 알겠지

산골풍경 1056

하늘에서 비가 내리는 건
바위가 구름을 불러 울고 있는
바위의 눈물입니다

산이 춤을 추는 건
바위가 바람을 불러 춤을 추는
바위의 춤입니다

우르르 쾅 쾅 천둥소리는
바위가 번개를 불러 노래하는
바위의 노래입니다

산골풍경 1057

옥색으로 빚은
술 한 동이를
별빛 지짐이로 안주해 먹고
세월도 오지 못하는 산속에 누워
시를 읊고 있노라면
손에 손 잡고 나무들이 춤을 추고
바위들이 배꼽을 흔들며
나팔을 불고
구름들이 음식을 이고 와
나누어 주고 있습니다
이 산골이 좋아라
나는 나는 좋아라
극락보다 좋아라
천국보다 좋아라

산골풍경 1058

달을 보고 가만
눈을 감으면
추억의 물레방아가
돌아가고 있다
물레방아를 가만
보고 있으면
추억이 포르르 날아올라
달을 물고 사라진 하늘엔
어머님이 걸어 나오시며
웃고 계신다

산골풍경 1059

어제 낮에는
장대를 들고
저 홍시 따 주세요
하던 손자

오늘 밤엔
장대를 들고
저 달을 따 주세요
하는 손자

하얀 마음
까만 눈동자에는
천사들이 뛰어 놀고 있고
신선들이 날아다니고 있다

산골풍경 1060

이 산골이 온통
봄바람이 났나 봐요

바람이
꽃가루로 짙은 화장을 하고
불고 있고요
산봉우리도 울렁출렁
막춤을 추고 있고요
구름도 산 이마에 앉아
연애편지를 쓰고 있고
개울물도 누구를 홀리려는지
깔 깔 깔 아양을 떨고 있어요
그 풍경에 나도 홀렸나 봐
뛰고 있는 가슴이
진정이 안 되네요

산골풍경 1061

이래도 웃고
저래도 웃는 아기

이래도 웃고
저래도 웃는 달

이래도 웃고
저래도 웃는 꽃

돌아보면 모두가 신명 나게 사는데
나는 왜
이래도 울고 저래도 우는가

때가 묻어서 그렇지요
모자라서 그렇지요
덜 익어서 그렇지요

산골풍경 1062

이 산골로 귀농해서
산 이마에 집을 짓고
살고 있는 구름 하나

해 높은 한나절인데
아직도 자고 있네요
깨울까 말까 하다가
그냥 가만 돌아선다

귀농살이 처음에는
나도 저랬거든요

산골풍경 1063

달빛이 고요하면
그리움이 나를 홀립니다

생활이 고요하면
외로움이 분탕질을 칩니다

머리가 고요하면
괴물들이 튀어나와 칼춤을 춥니다

그래서 나는
고요가 찾아오면 불을 질러버리고
그 자리에 덩그러니 대궐을 짓습니다

산골풍경 1064

뿔이 달린 언어
비수를 품은 언어들이
내 입속에서
다투어 튀어나오려 하고 있다

안돼
안돼
너희들은 안돼
입술을 꼭꼭 다물고 있지만
하품할 때도 튀어나오고
밥 먹을 때도 튀어나온다

그 언어들이 이제는
오랏줄을 들고
나를 옭아 매기도 하고
톱을 들고
내 팔 다리를 자르기도 한다

산골풍경 1065

산토끼가
나를 가여운 듯 바라보며 묻는다
인간들은 왜
과거라는 글자를 만들어 놓고
속상해하며 후회하고 있나요
인간들은 왜
미래라는 글자를 만들어 놓고
조마조마하면서 살고 있나요
인간들은 왜
저승이라는 글자를 만들어 놓고
두려워하며 공포 속에서 살고 있나요
스스로 만든 올가미에
스스로 발이 묶여 사는
헛 똑똑이 인간들
대답 못하는 나를 보며
까르르 까르르 웃고 있는 산토끼

산골풍경 1066

허공에 핀
꽃구름
꽃구름 사잇길은
나의 소풍 길

소풍을 가고 있는 나를 따라온
바람이
나를 콕콕 쪼기도 하고
겨드랑이 사이로 재주도 넘고
귀가 따갑도록 재재거리는
꽃구름 소풍 길은
나의 세계여라

산골풍경 1067

눈물은 소중한 인연이야
웃음도 소중한 인연이야

눈물이 찾아올 때는
그 눈물을
그냥 돌려보내지 말아야 해
그 눈물을 따라
내려가고 또 내려가
바다를 만나야 해
얼마나 넓은 가슴인가

웃음이 찾아올 때는
그 웃음을
그냥 돌려보내지 말아야 해
그 웃음을 따라
올라가고 또 올라가
하늘을 만나야 해
얼마나 넓은 꽃밭인가

산골풍경 1068

굽이굽이 흘러온
내 인생은
운명이란 잉걸불에 얼마나 달구어져
시련이란 해머에 얼마나 두들겨 맞고
세월이란 강물에 어떤 담금질로 단련되었는가
세상이란 거울을 들고
자신을 들여다본다

꽃은 피었는데 열매가 없고
꿈은 하늘 높이 날렸는데
바람이 불지 않아
날지 못하고 녹이 슬어있다

산골풍경 1069

인생은 꿈이어라

삶은 꽃이어라

넘어지는 건 시련이고
일어나는 건 희망이야

한 걸음 올라서니
웃음이 거기 있고
두 걸음 올라서니
노래가 거기 있네

이것이 신명이야
이것이 춤이야
이것이 소풍이야

산골풍경 1070

이 산골로 날아와
앵앵거리는
하루살이의 시끄러움이
이제야 거룩한
노래로 들린다

인간에게는 한 시간이지만
하루살이엔 10년이야
인간에게는 하루지만
하루살이엔 평생이야
인간에게는 소음이지만
하루살이엔 노래야

하루살이의 일생이
나에게만 거룩하게 보이는가
아내는 짜증을 내며
살충제를 뿌리고 있다

산골풍경 1071

가슴에 살고 있던
1번 그리움은
저 하늘로 날아가
태양으로 떠 있고

눈동자에 살고 있던
2번 그리움은
밤하늘로 날아가
달로 떠 있고

호주머니에 살고 있던
3번 그리움은
뒷동산으로 날아가
산 앵두로 익어 있네

산골풍경 1072

똑 똑
시간이라는 물방울이 떨어지고 있다
한 방울
두 방울
시간의 물방울
세월의 물레방아에
3개월간 고이면
쿵하고
세월의 물레방아 한 칸이 돌고
이렇게 계절 하나가 태어난다
봄 여름 가을 겨울을
연이어 찧어내는 세월의 물레방아
시간은 어디에서 오고
물레방아는 어디에 있는가
시간은 산 너머에서 흘러오고
물레방아는
이 산골에 있습니다

산골풍경 1073

뭐 하나
쉬운 게 없네요
자전거를 배울 때
넘어지고 부딪치고 멍들고 그랬는데

바람을 배우는 지금
바람을 타고 가다가
나무에 부딪쳐 이마가 벗겨지고
언덕을 넘다가 떨어져
가시에 찔리고요
그래도 고마워라
저수지에 떨어졌으면
어쩔 뻔했어요
누군가가
나를 지켜 주고 있다는 걸
알았습니다
조상님임을 알았습니다

산골풍경 1074

바람만 불어도
아픈 사연 하나 있다

첫눈만 내려도
아픈 사연 하나 있다

그 사연 꽃이 피면
눈물 강이 흐르고

그 사연 꽃이 지면
찬 서리가 내린다

산골풍경 1075

누구일까
내 시 한 편을 읊고 있는 그 목소리
창 틈으로 배시시 흘러 들어와요

창문을 열고 내다보니
단발머리 반달 소녀가
살구나무 위에 앉아
읊고 있는 내 시 한 편
사람들은 내 시를 아무도 모르는데
어떻게 반달 소녀가
내 시를 알았는고

우리 집 살구나무는
반달 소녀가 놀다가 가는 나무
이래서 이 산골은
딱 세상입니다

산골풍경 1076

새 소리를 엮어서 천을 만들고
바람 소리로 실을 뽑아
바느질을 하고 있는
산속의 외딴집
쌍꺼풀 눈웃음 소녀

아까워라
바위를 쪼개 장작을 패고
모래를 심어 키울 총각이 없어
올해도 시집을 못 가고 있네

산골풍경 1077

밤하늘에 별꽃이
만발하게 피는 밤

내 마음의 하늘에도
그리움이 만발하게 피네

이 아침에 별꽃은
날아갔지만

그리움은 나를 업고
추억의 골짜기로 들어가고 있네

산골풍경 1078

허공에서 살고 있는
첫 사랑 눈동자

내 눈과 마주치면
번개가 되고

내 가슴과 마주치면
호수가 된다

산골풍경 1079

이 산속 깊은 그 아래
아궁이가 있고
아궁이에 불을 질러
땅을 데워서
봄을 데려오고
여름을 데려오고
가을을 데려오고
겨울을 데려오는 것을
그렇게 계절을 가꾸고 있는 일꾼이
오늘
이 원두막에 놀러 왔습니다

산골풍경 1080

바람 불면 날아가는
구절초 향기
해가 떠도 날아가는
구절초 향기
바람 불기 전
해가 뜨기 전
첫새벽에 나가 가만가만 흔드니
소복소복 쏟아지는 구절초 향기
함지박 가득 담아온
구절초 향기로 술을 빚었어요
누구랑 먹을거나
드시고 싶으신 분
이 산골로 오셔요
내일도 좋구요
모레도 좋아요

산골풍경 1081

소복소복 쏟아지는 함박눈을
가만가만 바라보니
"안녕하세요"라며
눈송이가 말을 한다

"이 산골로 소풍 왔어요"라며
송이송이 눈송이들이
방글방글 웃으며
사뿐사뿐 내린다

그러면서

반갑습니다
고맙습니다
기막힌 인연이네요
호들갑을 떨며 내리는 눈송이가
산천을 덮습니다

산골풍경 1082

부푼 꿈
고운 꿈을
가슴이 터지도록
쟁여 두었는데
헤실바실 사라지고
꽃 한 송이 피우지 못한
늙은 날의 빈 가슴
허허 웃는 웃음만
뜬 구름으로 날아가고 있다

산골풍경 1083

산그늘이 내려와
문을 톡톡 두드린다

누구요 내다보니
안녕히 계세요
오늘 하루 이 산골에 와
잘 놀다 갑니다 라며
오늘 하루를 짊어지고
산을 넘는 산 그림자
숨도 차지 않은가
단숨에 산을 넘는 산 그림자

나는 오늘
무엇을 짊어지고 왔는가
누구랑 인사를 했는가
되는 대로 산 것인지
쓰레기로 산 것인지

산골풍경 1084

아벼님의 강에 가면
글 읽는 소리가 떠내려온다
떠내려오는 소리를 건져내어
바구니 가득 담아 와서
이리 들어 보고
저리 들어 봐도
무슨 뜻인지를 모른다
이제야 후회가 된다
그때 왜 안 배웠던고
자신의 가슴을 치면서
혀만 깨물고 있다

산골풍경 1085

꼬끼요
첫 닭이 울면
장독대 소래기에
정화수를 올리고
천지신명 님이여
빌고 빌고 또 빌던
어머님의 그 집을
오늘 여기 찾아와 보니
초가집 장독대는 없어졌지만
어머님의 기도소리는
아직도 들립니다
정갈하신 뒷모습도
생생하게 보입니다

산골풍경 1086

땅의 가슴에 청진기를 꽂고
땅의 심장 소리를 듣는다

바다의 가슴에 청진기를 꽂고
바다의 심장 소리를 듣는다

하늘의 가슴에 청진기를 꽂고
하늘의 심장 소리를 듣는다

파동도 같아라
음색도 같아라
질량도 같아라

하늘 땅 바다는
하나의 심장으로 살고 있는 생명체
그 이름은 우주입니다

산골풍경 1087

눈물도 인연이고
웃음도 인연이야

아픔도 인연이고
슬픔도 인연이야

나와 맺은 인연이라면
내가 보듬어야지
슬퍼서 떨어지는 눈물도
고와라
아파서 흐르는 피도
이뻐라

산골풍경 1088

가지 끝에 매달려 있는 낙엽 하나
이별의 순간이라도 즐겨야지
바람의 손을 잡고 춤을 추고 있다

가지 끝에 매달려 있는 과일 하나
끝나는 순간이라도 헌신해야지
마지막 살점까지 새들을 불러 나누어 주고 있다

운명의 가지 끝에 매달려 있는 나
허무해요 무서워요 떨고 있고
세월아 운명아 원망만 하고 있다

산골풍경 1089

욕심의 지렛대가
내 마음을 들어 올리더니
시궁창으로 굴러 버리네요

세월의 지렛대가
내 인생을 들어 올리더니
저승으로 굴러 버리네요

산 그림자가 지렛대로
저 태양을 들어 올리더니
산 너머로 굴러 버리네요

산골풍경 1090

구름 타고 온다던 임
바람 타고 온다던 임

석삼 년을 기다려도
소식이 없어

산 위에 올라와
내려다보니

굽잇길을 올라오다가
망부석이 되어 있네

산골풍경 1091

뚜벅 뚜벅 기어오는
두꺼비 한 마리
누구의 심부름인가
편지 한 장 물고 오네
아버지의 심부름 이라며
주고 간 편지
봉투만 보는데도
가슴이 울컥
눈물이 폭포로 쏟아져
글자가 안 보입니다

산골풍경 1092

병아리도 무서워서
쫓겨 다니던
어린 날에
아무 걱정 말거라
너의 평생은
삼신 할매가 너를 지켜준데이
어머님 그 말씀에
세뇌가 되어
무서움을 모르고
겁 없이 살았었는데
세뇌도 유효 기간이 있는가
지금은 왜
밤길도 무섭고
사람도 무서운고

산골풍경 1093

지구라는 조그만 초가집에
옹기종기 모여 사는
인간이란 식구들
애 애
이러나요
물고 뜯고
싸우는 꼴 좀 보셔요
속이 좁아 그런가요
종자가 그런가요
어제도 싸우더니
오늘도 싸우네요

산골풍경 1094

정의는 쫓겨 가고
양심은 감옥 가고
신은 귀양 가고

그 자리에

돈이 정의가 되어 있고
주먹이 양심이 되어 있고
패거리가 신이 되어 있다

누구의 책임인가요
모두가 아니라지만
모두의 책임입니다

산골풍경 1095

아침 이슬을
하얀 이슬을
번갯불에 구우면
보석이 되고
반딧불에 구우면
글자가 된다

보석에 생명을 심으면
별이 되어 날아가고
글자에 생명을 심으면
혼이 되어 춤을 춘다

산골풍경 1096

지식은 사람 생각
지혜는 하늘 생각

사람 학교에 가
지식을 배우지 말고
하늘 학교에 가
지혜를 배우라는
산 할아버지 말씀
사람 학교는
요리조리 가면 있지만
하늘 학교는
어디로 가야 있나요
자신의 마음속에
하늘 학교가 있다는데
자신의 마음속으로
들어가는 길을 모릅니다

산골풍경 1097

신체의 생김새는
얼굴을 보면 알고
마음의 생김새는
언어를 보면 안다

감추려 해도
못 감추는 얼굴
감추려 해도
못 감추는 마음

지신만
자신의 마음을
모르고 산다

산골풍경 1098

이 산골에는
물방울을 심어 키우는
농부도 있습니다

물방울을 싹 틔워
나무로 키우면
열매가 아니라
구름이 열립니다

산을 쳐다보셔요
구름이 넘어 오지요
이 산골에서 재배한
구름입니다

산골풍경 1099

내가
우주의 호주머니 속에
들어 있을 땐
나는
작은 동전 하나 크기였는데

내가
우주를 내 호주머니 속에
넣고 보니
우주가
작은 동전 하나만큼 작게 보인다

산골풍경 1100

아버님의 목소리로
집을 짓고
어머님의 노래로
꽃밭을 만들었습니다

아버님의 사랑으로
담장을 치고
어머님의 기도로
샘을 찾았습니다

이 집에서 살고 있는
자식들이여
자기가 잘 나서
그리 사는 줄
착각하며 살고 있습니다